My Travel Planner

Name: _____
Surname: _____
Phone: _____
Email: _____

DAILY PLANNER

DATE: **BUDGET:**

M · T · W · T · F · S · S ·   **WEATHER:**

LOCATION/S: **ACTIVITIES:**

SCHEDULE

EXPENSES   **FOOD**   **NOTES**

DAILY PLANNER

DATE: _____ BUDGET: _____

M . T . W . T . F . S . S . WEATHER: _____

LOCATION/S: _____ ACTIVITIES: _____

Schedule

EXPENSES	FOOD	NOTES

DAILY PLANNER

DATE: _____ BUDGET: _____

M . T . W . T . F . S . S . WEATHER: _____

LOCATION/S: _____ ACTIVITIES: _____

SCHEDULE

EXPENSES

FOOD

NOTES

DAILY PLANNER

DATE: _____ BUDGET: _____

M . T . W . T . F . S . S . WEATHER: _____

LOCATION/S: _____ ACTIVITIES: _____

SCHEDULE

EXPENSES

FOOD

NOTES

DAILY PLANNER

DATE: _____ **BUDGET:** _____

M . T . W . T . F . S . S . **WEATHER:** _____

LOCATION/S: _____ **ACTIVITIES:** _____

SCHEDULE

EXPENSES **FOOD** **NOTES**

DAILY PLANNER

DATE: _____   **BUDGET:** _____

M . T W . T . F . S . S .   **WEATHER:** _____

LOCATION/S: _____   **ACTIVITIES:** _____

SCHEDULE

EXPENSES   **FOOD**   **NOTES**

DAILY PLANNER

DATE: _____ BUDGET: _____

M . T . W . T . F . S . S . WEATHER: _____

LOCATION/S: _____ ACTIVITIES: _____

SCHEDULE

EXPENSES

FOOD

NOTES

DAILY PLANNER

DATE: **BUDGET:**

M · T · W · T · F · S · S ·   **WEATHER:**

LOCATION/S: **ACTIVITIES:**

SCHEDULE

EXPENSES   **FOOD**   **NOTES**

DAILY PLANNER

DATE: _____ BUDGET: _____

M . T . W . T . F . S . S .   WEATHER: _____

LOCATION/S: _____   ACTIVITIES: _____

Schedule

Expenses

Food

Notes

DAILY PLANNER

DATE: _____ BUDGET: _____

M . T . W . T . F . S . S . WEATHER: _____

LOCATION/S: _____ ACTIVITIES: _____

Schedule

EXPENSES | FOOD | NOTES

DAILY PLANNER

Date: _____ Budget: _____

M . T . W . T . F . S . S . Weather: _____

Location/s: _____ Activities: _____

Schedule

_____
_____
_____
_____
_____
_____
_____
_____
_____
_____
_____
_____
_____
_____
_____
_____
_____
_____
_____
_____
_____
_____
_____
_____
_____
_____
_____

Expenses

Food

Notes

DAILY PLANNER

DATE: _____ BUDGET: _____

M · T · W · T · F · S · S · WEATHER: _____

LOCATION/S: _____   ACTIVITIES: _____

SCHEDULE

EXPENSES | FOOD | NOTES

DAILY PLANNER

DATE: BUDGET:

M . T . W . T . F . S . S .   WEATHER:

LOCATION/S: ACTIVITIES:

Schedule

Expenses

Food

Notes

DAILY PLANNER

DATE: _____ **BUDGET:** _____

M . T . W . T . F . S . S . **WEATHER:** _____

LOCATION/S: _____ **ACTIVITIES:** _____

SCHEDULE

EXPENSES	FOOD	NOTES

DAILY PLANNER

DATE: _____ BUDGET: _____

M . T . W . T . F . S . S .   WEATHER: _____

LOCATION/S: _____   ACTIVITIES: _____

SCHEDULE

EXPENSES | FOOD | NOTES

DAILY PLANNER

DATE: _____ **BUDGET:** _____

M . T . W . T . F . S . S . **WEATHER:** _____

LOCATION/S: _____ **ACTIVITIES:** _____

SCHEDULE

EXPENSES **FOOD** **NOTES**

DAILY PLANNER

DATE: **BUDGET:**

M . T . W . T . F . S . S .   **WEATHER:**

LOCATION/S: **ACTIVITIES:**

SCHEDULE

EXPENSES	FOOD	NOTES

DAILY PLANNER

DATE: _____ **BUDGET:** _____

M . T . W . T . F . S . S . **WEATHER:** _____

LOCATION/S: _____ **ACTIVITIES:** _____

SCHEDULE

EXPENSES

FOOD

NOTES

DAILY PLANNER

DATE: _____ **BUDGET:** _____

M . T . W . T . F . S . S . **WEATHER:** _____

LOCATION/S: _____ **ACTIVITIES:** _____

SCHEDULE

EXPENSES

FOOD

NOTES

DAILY PLANNER

DATE: _____ **BUDGET:** _____

M . T . W . T . F . S . S . **WEATHER:** _____

LOCATION/S: _____ **ACTIVITIES:** _____

SCHEDULE

EXPENSES	FOOD	NOTES

DAILY PLANNER

DATE: _____ **BUDGET:** _____

M . T . W . T . F . S . S . **WEATHER:** _____

LOCATION/S: _____ **ACTIVITIES:** _____

SCHEDULE

EXPENSES   **FOOD**   **NOTES**

DAILY PLANNER

DATE: _____ BUDGET: _____

M . T . W . T . F . S . S . WEATHER: _____

LOCATION/S: _____ ACTIVITIES: _____

Schedule

EXPENSES

FOOD

NOTES

DAILY PLANNER

DATE: _____ BUDGET: _____

M . T . W . T . F . S . S . WEATHER: _____

LOCATION/S: _____ ACTIVITIES: _____

Schedule

Expenses

Food

Notes

DAILY PLANNER

Date: _____ **Budget:** _____

M . T . W . T . F . S . S . **Weather:** _____

Location/s: _____ **Activities:** _____

Schedule

Expenses | **Food** | **Notes**

DAILY PLANNER

DATE: _____ **BUDGET:** _____

M . T . W . T . F . S . S . **WEATHER:** _____

LOCATION/S: _____ **ACTIVITIES:** _____

SCHEDULE

EXPENSES

FOOD

NOTES

DAILY PLANNER

Date: _____ **Budget:** _____

M . T . W . T . F . S . S . **Weather:** _____

Location/s: _____ **Activities:** _____

Schedule

Expenses

Food

Notes

DAILY PLANNER

DATE: BUDGET:

M . T . W . T . F . S . S .   WEATHER:

LOCATION/S: ACTIVITIES:

SCHEDULE

EXPENSES   FOOD   NOTES

Daily Planner

Date: _____ **Budget:** _____

M . T . W . T . F . S . S . **Weather:** _____

Location/s: _____ **Activities:** _____

Schedule

Expenses

Food

Notes

DAILY PLANNER

DATE: _____ BUDGET: _____

M . T . W . T . F . S . S .   WEATHER: _____

LOCATION/S: _____   ACTIVITIES: _____

Schedule

Expenses	Food	Notes

DAILY PLANNER

DATE: _____ **BUDGET:** _____

M . T . W . T . F . S . S .   **WEATHER:** _____

LOCATION/S: _____   **ACTIVITIES:** _____

SCHEDULE

EXPENSES

FOOD

NOTES

DAILY PLANNER

DATE: _____ BUDGET: _____

M . T . W . T . F . S . S .   WEATHER: _____

LOCATION/S: _____   ACTIVITIES: _____

SCHEDULE

EXPENSES | FOOD | NOTES

DAILY PLANNER

DATE: _____ BUDGET: _____

M . T . W . T . F . S . S . WEATHER: _____

LOCATION/S: _____ ACTIVITIES: _____

SCHEDULE

EXPENSES	FOOD	NOTES

DAILY PLANNER

DATE: _____ **BUDGET:** _____

M . T . W . T . F . S . S . **WEATHER:** _____

LOCATION/S: _____ **ACTIVITIES:** _____

Schedule

EXPENSES

FOOD

NOTES

DAILY PLANNER

DATE: _____ **BUDGET:** _____

M . T . W . T . F . S . S . **WEATHER:** _____

LOCATION/S: _____ **ACTIVITIES:** _____

SCHEDULE

EXPENSES

FOOD

NOTES

DAILY PLANNER

DATE: **BUDGET:**

M . T . W . T . F . S . S .   **WEATHER:**

LOCATION/S: **ACTIVITIES:**

SCHEDULE

EXPENSES	FOOD	NOTES

DAILY PLANNER

DATE: BUDGET:

M . T . W . T . F . S . S .   WEATHER:

LOCATION/S: ACTIVITIES:

SCHEDULE

EXPENSES   FOOD   NOTES

DAILY PLANNER

DATE: **BUDGET:**

M · T · W · T · F · S · S ·   **WEATHER:**

LOCATION/S: **ACTIVITIES:**

SCHEDULE

EXPENSES   FOOD   NOTES

DAILY PLANNER

DATE: _____ BUDGET: _____

M . T . W . T . F . S . S . WEATHER: _____

LOCATION/S: _____   ACTIVITIES: _____

Schedule

EXPENSES   FOOD   NOTES

DAILY PLANNER

DATE: _____ BUDGET: _____

M · T · W · T · F · S · S · WEATHER: _____

LOCATION/S: _____ ACTIVITIES: _____

SCHEDULE

EXPENSES | FOOD | NOTES

DAILY PLANNER

Date: _____ **Budget:** _____

M · T · W · T · F · S · S · **Weather:** _____

Location/s: _____ **Activities:** _____

Schedule

Expenses

Food

Notes

DAILY PLANNER

DATE: _____ **BUDGET:** _____

M . T . W . T . F . S . S .   **WEATHER:** _____

LOCATION/S:　　　　　　　　　　　**ACTIVITIES:**

_____　　　　　　　_____
_____　　　　　　　_____

SCHEDULE

EXPENSES	FOOD	NOTES

DAILY PLANNER

DATE: _____ BUDGET: _____

M T W T F S S WEATHER: _____

LOCATION/S: _____ ACTIVITIES: _____

SCHEDULE

EXPENSES

FOOD

NOTES

DAILY PLANNER

Date: _____ **Budget:** _____

M . T . W . T . F . S . S . **Weather:** _____

Location/s: _____ **Activities:** _____

Schedule

Expenses

Food

Notes

DAILY PLANNER

DATE: _____ **BUDGET:** _____

M . T . W . T . F . S . S . **WEATHER:** _____

LOCATION/S: _____ **ACTIVITIES:** _____

SCHEDULE

EXPENSES

FOOD

NOTES

DAILY PLANNER

DATE: _____ BUDGET: _____

M . T . W . T . F . S . S . WEATHER: _____

LOCATION/S: _____   ACTIVITIES: _____

SCHEDULE

EXPENSES   FOOD   NOTES

DAILY PLANNER

DATE: _____ BUDGET: _____

M . T . W . T . F . S . S . WEATHER: _____

LOCATION/S: _____ ACTIVITIES: _____

Schedule

EXPENSES | FOOD | NOTES

DAILY PLANNER

DATE: BUDGET:

M . T . W . T . F . S . S . WEATHER:

LOCATION/S: ACTIVITIES:

SCHEDULE

EXPENSES FOOD NOTES

DAILY PLANNER

DATE: _____ BUDGET: _____

M . T . W . T . F . S . S . WEATHER: _____

LOCATION/S: _____ ACTIVITIES: _____

Schedule

Expenses

Food

Notes

DAILY PLANNER

DATE: _____ BUDGET: _____

M . T . W . T . F . S . S . WEATHER: _____

LOCATION/S: _____ ACTIVITIES: _____

Schedule

EXPENSES	FOOD	NOTES

DAILY PLANNER

DATE: _____ **BUDGET:** _____

M . T . W . T . F . S . S . **WEATHER:** _____

LOCATION/S: _____ **ACTIVITIES:** _____

SCHEDULE

EXPENSES

FOOD

NOTES

DAILY PLANNER

DATE: _____ BUDGET: _____

M . T . W . T . F . S . S . WEATHER: _____

LOCATION/S: _____ ACTIVITIES: _____

SCHEDULE

EXPENSES

FOOD

NOTES

DAILY PLANNER

DATE: _____ BUDGET: _____

M . T . W . T . F . S . S .   WEATHER: _____

LOCATION/S: _____   ACTIVITIES: _____

Schedule

Expenses

Food

Notes

DAILY PLANNER

DATE: _____ BUDGET: _____

M . T . W . T . F . S . S . WEATHER: _____

LOCATION/S: _____   ACTIVITIES: _____
_____   _____

SCHEDULE

_____
_____
_____
_____
_____
_____
_____
_____
_____
_____
_____
_____
_____
_____
_____
_____
_____
_____
_____
_____
_____
_____
_____
_____
_____
_____
_____
_____

EXPENSES | FOOD | NOTES

DAILY PLANNER

DATE: _____ **BUDGET:** _____

M . T . W . T . F . S . S . **WEATHER:** _____

LOCATION/S: _____ **ACTIVITIES:** _____

SCHEDULE

EXPENSES	FOOD	NOTES

DAILY PLANNER

DATE: _____   **BUDGET:** _____

M . T . W . T . F . S . S .   **WEATHER:** _____

LOCATION/S: _____   **ACTIVITIES:** _____

SCHEDULE

EXPENSES

FOOD

NOTES

DAILY PLANNER

Date: _____ Budget: _____

M . T . W . T . F . S . S . Weather: _____

Location/s: _____ Activities: _____

Schedule

Expenses | Food | Notes

DAILY PLANNER

DATE: _____ **BUDGET:** _____

M . T . W . T . F . S . S . **WEATHER:** _____

LOCATION/S: _____ **ACTIVITIES:** _____

Schedule

EXPENSES **FOOD** **NOTES**

DAILY PLANNER

DATE: _____ BUDGET: _____

M . T . W . T . F . S . S . WEATHER: _____

LOCATION/S: _____ ACTIVITIES: _____

SCHEDULE

EXPENSES | FOOD | NOTES

DAILY PLANNER

DATE: _____ **BUDGET:** _____

M . T . W . T . F . S . S . **WEATHER:** _____

LOCATION/S: _____ **ACTIVITIES:** _____

_____ _____

SCHEDULE

_____
_____
_____
_____
_____
_____
_____
_____
_____
_____
_____
_____
_____
_____
_____
_____
_____
_____
_____
_____
_____
_____
_____
_____

EXPENSES **FOOD** **NOTES**

DAILY PLANNER

DATE: _____ **BUDGET:** _____

M . T . W . T . F . S . S . **WEATHER:** _____

LOCATION/S: _____ **ACTIVITIES:** _____

SCHEDULE

EXPENSES

FOOD

NOTES

DAILY PLANNER

Date: Budget:

M . T . W . T . F . S . S .   Weather:

Location/s: Activities:

Schedule

Expenses

Food

Notes

DAILY PLANNER

DATE: _____ BUDGET: _____

M . T . W . T . F . S . S . WEATHER: _____

LOCATION/S: _____ ACTIVITIES: _____

SCHEDULE

EXPENSES | FOOD | NOTES

DAILY PLANNER

DATE: _____ BUDGET: _____

M . T . W . T . F . S . S . WEATHER: _____

LOCATION/S: _____ ACTIVITIES: _____

Schedule

Expenses

Food

Notes

DAILY PLANNER

DATE: _____ **BUDGET:** _____

M . T . W . T . F . S . S . **WEATHER:** _____

LOCATION/S: **ACTIVITIES:**
_____ _____
_____ _____

SCHEDULE

EXPENSES   **FOOD**   **NOTES**

DAILY PLANNER

DATE: _____ BUDGET: _____

M . T . W . T . F . S . S .   WEATHER: _____

LOCATION/S: _____   ACTIVITIES: _____

SCHEDULE

EXPENSES FOOD NOTES

DAILY PLANNER

DATE: _____ **BUDGET:** _____

M . T . W . T . F . S . S . **WEATHER:** _____

LOCATION/S: _____ **ACTIVITIES:** _____

SCHEDULE

EXPENSES **FOOD** **NOTES**

DAILY PLANNER

DATE: _____ **BUDGET:** _____

M . T . W . T . F . S . S . **WEATHER:** _____

LOCATION/S: _____ **ACTIVITIES:** _____

SCHEDULE

EXPENSES **FOOD** **NOTES**

DAILY PLANNER

DATE: BUDGET:

M · T · W · T · F · S · S ·   WEATHER:

LOCATION/S: ACTIVITIES:

SCHEDULE

EXPENSES   FOOD   NOTES

DAILY PLANNER

DATE: _____ BUDGET: _____

M · T · W · T · F · S · S ·   WEATHER: _____

LOCATION/S: _____   ACTIVITIES: _____

SCHEDULE

EXPENSES

FOOD

NOTES

DAILY PLANNER

Date: _____ **Budget:** _____

M . T . W . T . F . S . S . **Weather:** _____

Location/s: _____ **Activities:** _____

Schedule

_____
_____
_____
_____
_____
_____
_____
_____
_____
_____
_____
_____
_____
_____
_____
_____
_____
_____
_____
_____
_____
_____
_____
_____
_____
_____
_____

Expenses		Food	Notes

DAILY PLANNER

Date: _____ **Budget:** _____

M . T . W . T . F . S . S . **Weather:** _____

Location/s: _____ **Activities:** _____

Schedule

_____
_____
_____
_____
_____
_____
_____
_____
_____
_____
_____
_____
_____
_____
_____
_____
_____
_____
_____
_____
_____
_____
_____
_____
_____
_____
_____
_____
_____

Expenses　　　　　**Food**　　　　　**Notes**

DAILY PLANNER

DATE: _____ **BUDGET:** _____

M . T . W . T . F . S . S . **WEATHER:** _____

LOCATION/S: _____ **ACTIVITIES:** _____

SCHEDULE

EXPENSES

FOOD

NOTES

DAILY PLANNER

DATE: _____ BUDGET: _____

M . T . W . T . F . S . S . WEATHER: _____

LOCATION/S: _____ ACTIVITIES: _____

SCHEDULE

EXPENSES   FOOD   NOTES

DAILY PLANNER

DATE: _____ **BUDGET:** _____

M . T . W . T . F . S . S .   **WEATHER:** _____

LOCATION/S: _____   **ACTIVITIES:** _____

SCHEDULE

EXPENSES **FOOD** **NOTES**

DAILY PLANNER

DATE: _____ **BUDGET:** _____

M · T · W · T · F · S · S · **WEATHER:** _____

LOCATION/S: _____ **ACTIVITIES:** _____

SCHEDULE

EXPENSES

FOOD

NOTES

DAILY PLANNER

DATE: _____ BUDGET: _____

M T W T F S S WEATHER: _____

LOCATION/S: _____ ACTIVITIES: _____

SCHEDULE

EXPENSES | FOOD | NOTES

DAILY PLANNER

DATE: _____ **BUDGET:** _____

M . T . W . T . F . S . S .   **WEATHER:** _____

LOCATION/S: _____   **ACTIVITIES:** _____

SCHEDULE

EXPENSES

FOOD

NOTES

DAILY PLANNER

DATE: _____ BUDGET: _____

M . T . W . T . F . S . S . WEATHER: _____

LOCATION/S: _____ ACTIVITIES: _____

SCHEDULE

EXPENSES   FOOD   NOTES

DAILY PLANNER

Date: _____ Budget: _____

M . T . W . T . F . S . S . Weather: _____

Location/s: _____ Activities: _____

Schedule

Expenses

Food

Notes

DAILY PLANNER

Date: _____ **Budget:** _____

M . T . W . T . F . S . S . **Weather:** _____

Location/s: _____ **Activities:** _____

Schedule

Expenses | **Food** | **Notes**

DAILY PLANNER

DATE: _____ **BUDGET:** _____

M . T . W . T . F . S . S . **WEATHER:** _____

LOCATION/S: _____ **ACTIVITIES:** _____

_____ _____

SCHEDULE

EXPENSES **FOOD** **NOTES**

DAILY PLANNER

Date: _____ **Budget:** _____

M · T · W · T · F · S · S · **Weather:** _____

Location/s: _____ **Activities:** _____

Schedule

Expenses | **Food** | **Notes**

DAILY PLANNER

DATE: _____ BUDGET: _____

M . T . W . T . F . S . S . WEATHER: _____

LOCATION/S: _____ ACTIVITIES: _____

SCHEDULE

EXPENSES | FOOD | NOTES

DAILY PLANNER

DATE: BUDGET:

M . T . W . T . F . S . S .   WEATHER:

LOCATION/S: ACTIVITIES:

SCHEDULE

EXPENSES   FOOD   NOTES

DAILY PLANNER

DATE: _____ BUDGET: _____

M . T . W . T . F . S . S . WEATHER: _____

LOCATION/S: _____   ACTIVITIES: _____

Schedule

EXPENSES	FOOD	NOTES

DAILY PLANNER

DATE: **BUDGET:**

M · T · W · T · F · S · S ·   **WEATHER:**

LOCATION/S: **ACTIVITIES:**

SCHEDULE

EXPENSES   **FOOD**   **NOTES**

DAILY PLANNER

DATE: _____ BUDGET: _____

M . T . W . T . F . S . S .   WEATHER: _____

LOCATION/S: _____ ACTIVITIES: _____

SCHEDULE

EXPENSES	FOOD	NOTES

DAILY PLANNER

DATE: _____ BUDGET: _____

M . T . W . T . F . S . S . WEATHER: _____

LOCATION/S: _____ ACTIVITIES: _____

Schedule

EXPENSES

FOOD

NOTES

DAILY PLANNER

DATE: _____ BUDGET: _____

M . T . W . T . F . S . S .   WEATHER: _____

LOCATION/S: _____   ACTIVITIES: _____

Schedule

EXPENSES

FOOD

NOTES

DAILY PLANNER

DATE: _____   BUDGET: _____

M . T . W . T . F . S . S .   WEATHER: _____

LOCATION/S: _____   ACTIVITIES: _____

SCHEDULE

EXPENSES   FOOD   NOTES

DAILY PLANNER

DATE: _____ **BUDGET:** _____

M · T · W · T · F · S · S · **WEATHER:** _____

LOCATION/S: _____ **ACTIVITIES:** _____

Schedule

| **EXPENSES** | **FOOD** | **NOTES** |

DAILY PLANNER

DATE: _____ BUDGET: _____

M . T . W . T . F . S . S . WEATHER: _____

LOCATION/S: _____ ACTIVITIES: _____

SCHEDULE

EXPENSES

FOOD

NOTES

DAILY PLANNER

DATE: _____ BUDGET: _____

M · T · W · T · F · S · S · WEATHER: _____

LOCATION/S: _____   ACTIVITIES: _____

SCHEDULE

EXPENSES | FOOD | NOTES

DAILY PLANNER

DATE: BUDGET:

M · T · W · T · F · S · S ·   WEATHER:

LOCATION/S: ACTIVITIES:

SCHEDULE

EXPENSES   FOOD   NOTES

DAILY PLANNER

DATE: _____ **BUDGET:** _____

M · T · W · T · F · S · S · **WEATHER:** _____

LOCATION/S: _____ **ACTIVITIES:** _____

SCHEDULE

_____
_____
_____
_____
_____
_____
_____
_____
_____
_____
_____
_____
_____
_____
_____
_____
_____
_____
_____
_____
_____
_____
_____
_____
_____
_____
_____
_____
_____

EXPENSES **FOOD** **NOTES**

DAILY PLANNER

DATE: _____ BUDGET: _____

M . T W . T . F . S . S . WEATHER: _____

LOCATION/S: _____ ACTIVITIES: _____

SCHEDULE

EXPENSES | FOOD | NOTES

DAILY PLANNER

DATE: _____ **BUDGET:** _____

M . T . W . T . F . S . S . **WEATHER:** _____

LOCATION/S: _____ **ACTIVITIES:** _____

SCHEDULE

EXPENSES | **FOOD** | **NOTES**

DAILY PLANNER

DATE: _____ **BUDGET:** _____

M . T . W . T . F . S . S . **WEATHER:** _____

LOCATION/S: _____ **ACTIVITIES:** _____

SCHEDULE

EXPENSES

FOOD

NOTES

DAILY PLANNER

DATE: _____ BUDGET: _____

M · T · W · T · F · S · S ·   WEATHER: _____

LOCATION/S: _____   ACTIVITIES: _____

SCHEDULE

EXPENSES   FOOD   NOTES

DAILY PLANNER

DATE: _____ **BUDGET:** _____

M . T . W . T . F . S . S . **WEATHER:** _____

LOCATION/S: _____ **ACTIVITIES:** _____

SCHEDULE

EXPENSES	FOOD	NOTES

DAILY PLANNER

DATE: _____ **BUDGET:** _____

M . T . W . T . F . S . S .   **WEATHER:** _____

LOCATION/S: _____   **ACTIVITIES:** _____

SCHEDULE

EXPENSES	FOOD	NOTES

DAILY PLANNER

DATE: _____ **BUDGET:** _____

M · T · W · T · F · S · S · **WEATHER:** _____

LOCATION/S: _____ **ACTIVITIES:** _____

Schedule

EXPENSES

FOOD

NOTES

DAILY PLANNER

DATE: BUDGET:

M . T . W . T . F . S . S .   WEATHER:

LOCATION/S: ACTIVITIES:

SCHEDULE

EXPENSES   FOOD   NOTES

DAILY PLANNER

DATE: BUDGET:

M . T . W . T . F . S . S .   WEATHER:

LOCATION/S: ACTIVITIES:

SCHEDULE

EXPENSES   FOOD   NOTES

DAILY PLANNER

DATE: BUDGET:

M . T . W . T . F . S . S .   WEATHER:

LOCATION/S: ACTIVITIES:

SCHEDULE

EXPENSES   FOOD   NOTES

DAILY PLANNER

DATE: _____ **BUDGET:** _____

M · T · W · T · F · S · S · **WEATHER:** _____

LOCATION/S: _____ **ACTIVITIES:** _____

SCHEDULE

EXPENSES

FOOD

NOTES

DAILY PLANNER

DATE: _____ **BUDGET:** _____

M . T . W . T . F . S . S . **WEATHER:** _____

LOCATION/S: _____ **ACTIVITIES:** _____

SCHEDULE

EXPENSES

FOOD

NOTES

DAILY PLANNER

DATE: _____ BUDGET: _____

M . T . W . T . F . S . S . WEATHER: _____

LOCATION/S: _____   ACTIVITIES: _____

SCHEDULE

EXPENSES | FOOD | NOTES

DAILY PLANNER

DATE: _____ **BUDGET:** _____

M . T . W . T . F . S . S . **WEATHER:** _____

LOCATION/S: _____ **ACTIVITIES:** _____

SCHEDULE

EXPENSES | **FOOD** | **NOTES**

DAILY PLANNER

DATE: _____ **BUDGET:** _____

M . T . W . T . F . S . S . **WEATHER:** _____

LOCATION/S: _____ **ACTIVITIES:** _____

SCHEDULE

EXPENSES

FOOD

NOTES

DAILY PLANNER

DATE: _____ BUDGET: _____

M · T · W · T · F · S · S · WEATHER: _____

LOCATION/S: _____ ACTIVITIES: _____

Schedule

EXPENSES

FOOD

NOTES

DAILY PLANNER

DATE: _____ BUDGET: _____

M . T . W . T . F . S . S . WEATHER: _____

LOCATION/S: _____ ACTIVITIES: _____

SCHEDULE

EXPENSES

FOOD

NOTES

DAILY PLANNER

DATE: _____ **BUDGET:** _____

M . T . W . T . F . S . S .   **WEATHER:** _____

LOCATION/S: _____   **ACTIVITIES:** _____

SCHEDULE

EXPENSES	FOOD	NOTES

DAILY PLANNER

DATE: _____ BUDGET: _____

M . T . W . T . F . S . S . WEATHER: _____

LOCATION/S: _____ ACTIVITIES: _____

SCHEDULE

EXPENSES

FOOD

NOTES

DAILY PLANNER

Date: _____ **Budget:** _____

M . T . W . T . F . S . S . **Weather:** _____

Location/s: _____ **Activities:** _____

Schedule

Expenses	Food	Notes

DAILY PLANNER

Date: _____ **Budget:** _____

M · T · W · T · F · S · S · **Weather:** _____

Location/s: _____ **Activities:** _____

Schedule

Expenses   **Food**   **Notes**

DAILY PLANNER

DATE: _____ **BUDGET:** _____

M . T . W . T . F . S . S . **WEATHER:** _____

LOCATION/S: _____ **ACTIVITIES:** _____

SCHEDULE

EXPENSES

FOOD

NOTES

DAILY PLANNER

DATE: **BUDGET:**

M . T . W . T . F . S . S .   **WEATHER:**

LOCATION/S: **ACTIVITIES:**

SCHEDULE

EXPENSES   FOOD   NOTES

DAILY PLANNER

Date: _____ **Budget:** _____

M . T . W . T . F . S . S . **Weather:** _____

Location/s: _____ **Activities:** _____

Schedule

Expenses   **Food**   **Notes**

Made in the USA
Monee, IL
09 June 2022